선구자의 횃불

이혜경 시조집

선구자의 횃불

2023년 12월 25일 1판 1쇄 발행

지은이 · 이혜경
펴낸이 · 유정숙
펴낸곳 · 도서출판 등
기　획 · 유인숙
관　리 · 류권호
편　집 · 김은미, 이성덕

ⓒ 이혜경 2023

주　소 · 서울시 노원구 덕릉로 127길 10-18
전　화 · 02.3391.7733
이메일 · socs25@hanmail.net
홈페이지 · dngbooks.co.kr

정　가 · 12,000원

선구자의 횃불

이혜경 시조집

| 서문 |

유성규 (세계전통시인협회 회장)

이혜경 시인은 고려 중엽에 왕실과의 척연戚緣을 배경으로 일약 명문대가名門大家가 되었던 인천 이씨 가문의 후예이다. 이혜경 시인의 부친 이병복李炳福 선생께서는 충남 예산군 응봉면의 유지로 당초 한약을 전공하시다가 양약까지 겸하시되, 극진한 인술과 빼어난 의술로 멀리 서울에서까지 사람들이 찾아오곤 하였다. 숱한 인명을 구제한 공로로 내무부 장관상을 위시한 많은 수상을 하셨다. 근동의 복지사업에도 진력하셨다.

게다가 교육열이 남다르시어 이혜경 시인이 어렸을 때부터 신문을 통해 한문교육을 시키셨고, 매일 밤 하루도 거르지 않고 인성교육을 하신 덕에 이혜경 시인이 오늘의 국제적 시인이 될 기틀을 마련해 주셨다. 모친은 현모양처로 부군과 사별 후 자녀교육에 전념하시느라 편할 날이 없으셨다.

이혜경 시인은 시조 생활화를 통한 민족정기 선양과 국민 정서 순화와 세계 전통시 중흥을 통한 세계 평화에 기여코자 하는 세계전통시인협회의 총무로 있으며 지대한 공헌을 쌓아 본회의 공로상과 빼어난 동시조로 현석주아동문학상을 수상한 바 있다.

저서로는 동시조집《나무야 나무야》,《뭐 하고 놀지?》와 독서교육을 위한 저서로《엄마가 꼭 봐야 할 독서지도의 정석》(공저)과《NIE 통합논술》(공저),《교과서 논술》(공저), 고전문학의 신 해석을 위한《프로이트, 심청을 만나다》(공저) 등이 있다. 이 밖에 교보문고, 천재교육을 비롯한 여러 지면에 독서와 동시조에 관련된 칼럼을 써왔다. 또한 2011년에 창간된 동시조 전문 잡지『우리 동시조』의 편집인 겸 편집국장으로 동시조 발전과 세계 문화 발전에 지대한 공을 세웠다.

이혜경 시인의 작가적 위상은 이제 국제적이라고 할 정도로 탁월하다. 천부적 재질과 피어린 노력의 산물일 것이다. 이번에 상재되는《선구자의 횃불》속의 시조들이 한결같이 걸작이지만 지면 관계로 몇 작품만을 감상하기로 한다.

    오늘을 주셨네요 감사하며 살라고
    내일도 주실 거죠 사랑하며 살라고
    그래요 파란 저 하늘 기도하며 살래요
          -〈나의 기도문〉

대 우주 앞에서는 그 누구도 하찮은 존재이다. 매사에 자유로울 수도, 뜻대로 되는 일도 없으므로 '인생은 고해苦海'라 한다. 그래서

대 우주의 창조주 앞에서 인간은 "창조주여, 이런 걸 도와주소서." 하고 간청하는 글이 기도문인 것이다. 사람이 기도할 수 있는 길마저 없었다면, 미쳐버리거나 스스로 목숨을 끊어버릴 것이다. 기도문이야말로 구원의 손길이라 할 것이다.

가톨릭 신자로서의 이혜경 시인의 '나의 기도문'은 명시 중의 명시로 랜드마크다. 오늘과 내일 그리고 영원히 주님을 기대며 살 수 있게 해주신 걸 고맙게 여기오니 길이 도와주소서 하는 진실의 목소리였다. 예술적으로는 상징적 절제미가 눈부신 작품이다.

산에는 산길이 바다엔 바닷길이
너와 나 마음 밭엔 천 갈래 마음길이
오늘은 어떤 길 위에 꽃 한 송이 피어날까
　　　-〈길 1〉

이 시에서의 '길'이란 단순한 사생활의 길이 아니라 대 우주의 길이다. 이 시는 우주가 움직여가는, 시공時空을 넘어선 자리 절대불변의 절대가치를 노래한 글이다. 삼라만상이 제마다 다른 길을 걸어보았자 결국은 우주의 정도正道인 그 길에 끌려드는 것이란 말이다. 자연은 그 모습이 다양하되 결국은 귀납적 합일이 있을 뿐이라는 거창한 주제를 다룬 시였다.

중후한 사유思惟와 빼어난 예술적 수사학이 출동된 걸작이었다. 이 시도 상징적 절제미가 특색이다.

시골집 내 가을은 노오란 은행나무
　　아버지 심어 놓은 그 나무 앞에 서면
　　노랗게 물이 듭니다 하늘 닮고 싶어집니다
　　　　-〈은행나무〉

　아버지에 대한 존경심이나 그리움을 흔히는 "우리 아버지는 인격자다. 저세상 아버지가 한없이 그립다."라는 식으로 개성 없이 표현한다. 그러나 이혜경 시인은 관념적 사고가 아닌, 현장감을 바탕으로 사부곡思父曲을 엮어 나감으로 우리를 감동시킨다.
　아버지가 심어 놓은 은행나무가 노랗게 물들자 이혜경 시인도 노랗게 물든다고 노래했다. 나와 자연이 하나가 되는 아름답고 순수한 삶이라 할 것이다.

　　오늘만은 비워 놓자 먼 산이 보이게
　　사공이 없는 배를 나 홀로 타고서
　　바람에 맡겨 버리자 오늘 하루 내 하루
　　　　-〈오늘 하루 내 하루〉

　대도무문大道無門이란 말이 있다. 가지려고 욕심내면 모든 게 사라져 버린다는 뜻이다. "살려 하면 죽을 것이요, 죽겠다 할 때에 살 수 있다."라는 이순신 장군의 명언이 바로 이것이다.
　이 시는 "비워라, 그래야 겉껍데기 산이 아닌 참다운 산이 보이게."라고 노래한다. '바람에 맡겨 버리자'라는 말은 노자老子의 무위

자연無爲自然이란 말과 같다. 애써 만들려 들지 말자는 말이 된다. 반듯한 인생관이 잘 나타난 명문이었다.

   그 옛날 어느 손이 저 바위 쪼았을까
   천 년의 이끼마저 비켜 간 저 얼굴
   한 소녀 두 손 모으고 그 앞에 서 있다
                -〈마애불 앞에〉

찬불가讚佛歌들의 대부분이 부처님 자비심을 찬미하는 형식인 데 반해 이 시조는 개성미가 돋보여 좋았다. 천 년 전 어느 손이 쪼았을까 하는 호기심의 유발로 이 돌부처에 생명을 불어넣음으로써 시적 변용詩的變容에 성공한 셈이다. 객관화 아닌 주관화에 바탕한 시라는 뜻이다. 특출한 시력詩力이 돋보이는 시다.

   오늘 나의 숲엔 봄볕 더욱 따사롭다
   거울 속 원피스는 맵시 잔뜩 부리고
   카톡의 약속 시간은 가슴 뛰게 다가오고
              -〈오늘 나의 숲엔〉 전문

고고孤高한 시인에게도 때로는 생활인으로 들떠버리는 순간이 있다. 남정네보다 여심女心이 더욱 그렇다. 카톡의 그 사람 앞에 화사한 옷을 자랑하고 싶은 것이다. 마치 다 된 음식에 고명을 올려놓듯 말이다. 매일 얼굴을 맞대는 남편에게까지 예쁘게 보이고 설레고 싶은 것이 알다가도 모를 여심女心인 것이다.

    이 세상에 가장 고운 울음소릴 주셨네요
    이 세상에 둘도 없는 웃음소릴 주셨네요
    아가야 우리 아가야 마냥 웃고 있으렴
        -〈우리 아가 1〉

  어떤 분이 이 세상에 가장 아름다운 소리가 달밤에 책 읽는 소리와 아가의 울음소리라 했다. 이 시조의 주제는 '우리 아가가 제일 아름답다.' 이다. 이 시조에선 어찌 울음소리뿐이랴, 웃음소리도 예쁜 것을 이란 점이 이채롭다. 이 시의 음양 조화가 돋보인다.
  울음소리가 음陰이라면 웃음소리는 양陽이 되는 것이다. 동양철학의 음중양陰中陽이요, 양중음陽中陰이란 뜻과 같고, 불가에서 말하는 색즉시공色卽是空이요, 공즉시색空卽是色이라는 말이 된다.
  이 시조의 특출한 점이 철학을 바탕하였다는 점이지만 예술적 기량을 마음껏 과시했다는 점이기도 하다.

    바다가 온갖 것 받아들인 그 넓이를
    우리 아가 가슴에다 옮겨 놓아 주시고
    자그만 풀벌레 소리에도 감사하게 하소서
        -〈우리 아가 3〉

  우리 아가 손발이 고물댄다. 그리고 자그마한 가슴이 두근거린다.

이 자그마한 가슴에다, 온갖 것 다 받아들이는 바다가 들어앉게 해달란다. 게다가 자그마한 풀벌레 소리까지 갖게 해달라고 빌고 있는 것이다. 실로 웅장 무비하고 세심 다정한 배려를 함께 지니게 해달라는 것이다. 드디어 어린이는 제2의 하느님이란 말이 구현되게 해달라는 간절한 기도문인 것이다. 기교 아닌 정성스러운 마음씨가 감동적이다.

> 툇마루에 앉아서 파란 하늘 봅니다
> 한 마리 새가 되어 하늘 높이 납니다
> 산사의 목탁 소리도 파란 하늘 납니다
> 　　-〈명상 1〉

명상이란 사람을 순화시키는 작용을 한다. 기독교의 원죄설 탓일까. 사람들의 이기적 사고는 날이 갈수록 세상을 험악하게 만든다. 문명이 발달할수록 삼라만상은 행복은커녕 부조리 앞에서 신음하는 이른바 세기말적 수렁 속에서 허우적거린다. 이때 '명상' 없이는 삶의 허탈을 감당할 수 있으랴.

현대 시조는 관념적이 아니라 현장감에 바탕 하여야 한다지만, 명상은 공상이 아니라 인생의 허탈의 구세주라는 점에 유념할 일이다.

청정한 하늘을 닮고 싶다. 그 하늘을 훨훨 나는 한 마리 새가 되고 싶다는 명상이다. 명상이 있는 곳엔 목탁 소리도 하늘을 난다고 노래했다. 수채화같이 아름다운 시조였다.

새봄의 병아린 양 포근하게 안기더니
　　몸짓에 말씨까지 모두가 낯설어라
　　글썽인 나의 하늘에 날아가는 새 한 마리
　　　　-〈너〉

　품 안의 자식이란 말이 있다. 그 자식 다 자란 다음엔 낯선 딴사람이 되어 버린다. 섭섭함을 어찌 견디랴만 어쩔 수 없다. 아니 어쩔 수 없는 게 아니라 그게 당연한 신의 섭리이리라. 가지 떠난 새가 훨훨 날아오르는 성숙함을 기뻐해야 할 노릇이지만 섭섭해하는 마음씨는 모성애 바로 그것이다.

　　메뚜기 가을 들녘 톡톡 튀듯 살았네
　　된서리 찬 바람도 가슴 깊이 묻고서
　　아주 먼 나의 별 하나 바라보며 살았네
　　　　-〈인생 여정〉

　바쁘지 않으면 한국 사람이 아니란 말이 있다. 단군 이래 우리 언제 한번 여유롭게 살아봤던가. 이 모두가 약소민족의 설움이었다. 영화와 영광은 어차피 강자의 몫이다. 이혜경 시인도 메뚜기 튀듯 바쁘게 살았단다. 아무리 힘들어도 참아내며 하늘의 별처럼 아껴둔 희망 하나를 잃지 않고 살았다는 시인의 마음을 엿볼 수 있는 시다.

　　작은 섬엔 고사목 한참을 외롭겠다

수련은 겨울 나라 물밑에 누워 있고
　　겨울을 걷는 사람 앞에 하얀 바람 불어온다
　　　　-〈겨울을 걷는 사람〉

　사람은 누구나 시계추같이 수성獸性과 신성神性을 오고 가게 마련이지만 결국은 봄을 걷는 사람과 겨울을 걷는 사람으로 분류된다.
　봄을 걷는 사람은 생활인으로 영화를 지향하는 사람이라면, 겨울을 걷는 사람은 애써 고고孤高해지려는 사람이다. 사람의 본심은 고도孤島에 내린 눈을 머리에 이고 있는 고사목 같은 사람이거나, 물밑에 누워 있는 겨울 나라 수련 같은 사람으로 살아가고 싶은 속성을 지녔으리라. 곧 스스로가 겨울을 걷는 사람이 되고 싶다는 뜻이 내포된 시다.

　　낙엽이 굴러간다 갈림길에 걸쳤다
　　웃음 하나 지나가고 울음 하나 쉬어가고
　　내일은 어떤 태양이 저 하늘을 돌아갈까
　　　　-〈십자로〉

　잎이 피어남도 섭리요, 떨어짐도 섭리다. 그러니 낙엽이 지니는 상징성은 너무나 엄청나다. 떨어진 이파리가 제 뜻이 아닌 섭리대로 굴러가는 것이다. 삼라만상은 낙엽처럼 굴러가는 것이다. 낙엽 위로 웃음 하나 지나가고 울음 하나 쉬어간다는 상징적 현상이 웅장하게 전개된다. 이 십자로는 우주 현상을 상징화했다는 점에서 걸작이라

하겠다.

> 꼭 그렇게 해달라고 정화수 떠 놓고서
> 그 옛날 할머니는 달님 보고 빌었다지
> 달님은 정화수 안에서 노랗게 웃었다지
> 　　　-〈할머니의 기도〉

 오늘을 사는 우리의 기도와 그 옛날 할머니의 기도가 무엇이 다를까. 오늘의 기도는 매우 기교적인 데 반해 할머니의 기도는 단순 소박하다. 긴말 필요 없이 꼭 그렇게 해달라고 달님에게 두 손을 모으는 것이다. 그러면 정화수 속에서 달님이 아무렴 들어주고 말고 하며 노랗게 웃는 것이다.

 이 밖에도 좋은 작품들이 많지만 지면상 모두 언급하지 못함을 아쉽게 생각합니다. 이혜경 시인이 앞으로도 계속 정진하여 좋은 작품을 많이 선보여 주길 바랍니다.

차례

서문 _ 유성규 (세계전통시인협회 회장)

제1부 겨울을 걷는 사람

산다는 거	20
매듭 풀기	21
인생은	22
빛나는 하루	23
오늘 나의 숲엔	24
우리 어머니	25
그이	26
사랑이여	27
그대와	28
나, 여기	29
너는 강물	30
아버지	31
회혼	32
너의 수채화	33
너	34
너에게	35
할머니의 기도	36
우리 아가 1	37
우리 아가 2	38

우리 아가 3	39
겨울을 걷는 사람	40
나의 기도문	41

제2부 눈 내리는 까닭

지금은	44
파도를 탄다	45
선구자의 횃불	46
길 1	47
길 2	48
길 3	49
길 4	50
눈길에서	51
은행나무	52
상(想)	53
가을	54
눈 내리는 까닭	55
마애불 앞에	56
밤바다	57
화장터	58
거리에서	59
꿈 이야기	60
행복한 날	61

갈림길에서	62
백일홍	63
둘레길에서	64
골목길	65
골목길 풍경	66
징검다리	67
종소리	68

제3부 인생 여정

인생 여정	72
아침 단상	73
긴 하루	74
후회	75
삼매경(三昧境)	76
명상 입문	77
명상 1	78
명상 2	79
명상 3	80
단란	81
솔바람 소리	82
가을 단상(斷想)	83
모닥불 찬가	84
산사의 법고 소리	85
초월	86

성묘 87
오늘 하루 내 하루 88
그대 마음밭에 89
추억 90
환상 91
십자로 92

평설_ 김봉군(시조시인 · 문학평론가 · 가톨릭대학교 명예교수)

시인의 말

제1부

겨울을 걷는 사람

산다는 거

가시나무 길을 헤쳐
청산에 올라보렴

찔리고 찢길 때야
눈이 트고 귀 열리지

장미는
가싯길 헤친
그 사람 몫이라네

매듭 풀기

뒤엉킨 실타래를
풀어보려 끙끙대다

휴지통 속으로
냅다 던져 버리려다

슬며시
오기가 생겨
손끝에 힘 모은다

인생은

아침 둥근 해는
모른다고 말하네

바다를 지나고
산과 들 넘고 넘어

산마루
석양 될 무렵
그때쯤엔 안다 할까

빛나는 하루

작은 새는 포르르 하늘 향해 날고요

연못가 고추잠자리 파르르 첫 날갯짓

아가도 엄마 손잡고 첫나들이 갑니다

오늘 나의 숲엔

오늘 나의 숲엔
봄볕 더욱 따사롭다

거울 속 원피스는
맵시 잔뜩 부리고

카톡의 약속 시간은
가슴 뛰게 다가오고

우리 어머니

흰 저고리 남색 치마 당신의 앳된 모습
어릴 적 내 가슴에 한 송이 꽃이었습니다
오늘은
패인 주름이
화관보다 곱네요

어려운 굽이굽이 뼛속까지 시렸으리
꽃 피고 잎이 질 땐 눈시울 적셨으리
오로지
내일을 사신
당신은 빛입니다

나이 들어 더 고운 어머니의 미소가
그 옛날 뜨락의 국화꽃 같습니다
이제는
잔잔한 호수
백조같이 사세요

그이

엊그젠 얼음장 봄소식은 아득 터니

오늘은 웬일로 새신랑 모습이네

다툼도 정으로 쌓이는 부부라는 이름이여

사랑이여

종이학 접어주며
너의 성채 되리라던

그날의
그 눈빛을
내가 기억 합니다

눈부신
오월의 빛으로
숨 쉬는 사랑이여

그대와

조촐한 배낭 메고
우리 함께 떠나요

한겨울 웅크리던
엉겅퀴 밭 한참 지나

강둑에
바람이 가듯
하늘 보고 걸어요

나, 여기

그대는 그곳에서 큰 바위 되었어라

깊고 푸른 강물이 유유히 흐르는 곳

나, 여기
그대를 향해
청산으로 서리라

너는 강물

너는 강물
유유히 흘러가는 강물

물고기 뛰어놀고
물풀도 자라나지

나그네
네 곁에 왔다
마른 목도 축이고

아버지

생활비 주시고도 주머니 속 동전까지

차비만 딸랑 손에 쥐고 다 주셨지

아버진 딸 걱정만 가득 주머니를 채우셨고

회혼

육십 년 흐른 강물 어느 바다 돌까요

밤새워 나눈 얘기 어느 별에 닿을까요

연리지
그 가지마다
새잎 돋아 납니다

너의 수채화

한 번쯤 한여름 날 엿가락 늘어지듯

때로는 바람결에 코스모스 살랑이듯

저 황금 들판을 보라 거기에 네가 있다

너

새봄의 병아린 양 포근하게 안기더니

몸짓에 말씨까지 모두가 낯설어라

글썽인 나의 하늘에 날아가는 새 한 마리

너에게

이제 새벽이다 첫닭 울듯 하려무나

들판의 해바라기 우뚝 솟듯 하려무나

밤길도
네가 걸을 땐
달빛 환히 비추리라

할머니의 기도

꼭 그렇게 해 달라고 정화수 떠 놓고서

그 옛날 할머니는 달님 보고 빌었다지

달님은 정화수 안에서 노랗게 웃었다지

우리 아가 1

이 세상에 가장 고운 울음소릴 주셨네요

이 세상에 둘도 없는 웃음소릴 주셨네요

아가야
우리 아가야
마냥 웃고 있으렴

우리 아가 2

우리 아가 마음밭에 노랑 나비 돌거든

쌔근쌔근 잠들어라 나의 고운 천사야

오, 주여! 천리를 재는 눈빛까지 주옵소서

우리 아가 3

바다가 온갖 것 받아들인 그 넓이를

우리 아가 가슴에다 옮겨놓아 주시고

자그만 풀벌레 소리에도 감사하게 하소서

겨울을 걷는 사람

작은 섬엔 고사목 한참을 외롭겠다

수련은 겨울 나라 물밑에 누워 있고

겨울을 걷는 사람 앞에 하얀 바람 불어온다

나의 기도문

오늘을 주셨네요 감사하며 살라고

내일도 주실거죠 사랑하며 살라고

그래요 파란 저 하늘 기도하며 살래요

제2부
눈 내리는 까닭

지금은

찌찌릉 벌레 소리 알싸한 꽃향기도

작은 섬 풀섶에다 살포시 묻어 두자

지금은 하얀 새 날 때 바람마저 고요타

파도를 탄다

반쪽 남은 지느러미 상처 입은 몸으로

물풀에 숨었다가
물 위로 치솟다가

물고기,
파도를 탄다
햇살을 가른다

선구자의 횃불

어둠을 꿰뚫었다 번뜩이는 저 눈빛

뚝뚝 피 흘리며 둘레둘레 밝혀 놓고

온몸을 깡그리 태워 새 하늘을 열었다

길 1

산에는 산길이 바다엔 바닷길이

너와 나 마음밭엔 천 갈래 마음길이

오늘은 어떤 길 위에 꽃 한 송이 피어날까

길 2

잰걸음 가는 길에 칼바람 몰아쳐도

우리가 걸어온 길 바위에 새겨놓고

먼 훗날 설화로 남게 뚜벅뚜벅 걸으리

길 3

우리가 가는 길에 어떤 암초 숨었을까

너 있어 따뜻했던 포장마차 소주 한 잔

간밤에 흘린 눈물도 별빛 되어 빛나리

길 4

인고의 아픔은 청산을 밝힌다오

설산의 고행 같은 그런 길을 생각하세

빙하를 맴돌던 바람 꽃 한 송이 피우리니

눈길에서

햇살 받은 눈꽃들이 은비늘이 됩니다

종이학을 접던 날
그런 마음 같아서

나 그냥
순백이 되어
그렇게 서 있습니다

은행나무

시골집 내 가을은 노오란 은행나무

아버지 심어 놓은 그 나무 앞에 서면

노랗게 물이 듭니다
하늘 닮고 싶어집니다

상(想)

꽃내음 솔바람에 좌선하듯 앉아있다

어느새 뜨락에서 구름 보며 노래하다

단숨에 뒷산에 올라 꽃잎 따다 물었다

가을

빠져들고 싶어라
비취옥 푸른 하늘

여인의 노랫가락
단풍처럼 타오르고

사과의
빨간 그리움
햇살에 익어간다

눈 내리는 까닭

가지 끝에 매달려 울어대던 바람이

빈 들녘 겨울 새 죽지 끝에 앉았다가

아마도
어느 새벽에
눈이 되어 내릴 거야

마애불 앞에

그 옛날 어느 손이 저 바위 쪼았을까

천년의 이끼마저 비켜 간 저 얼굴

한 소녀 두 손 모으고 그 앞에 서 있다

밤바다

구름은 하얀 달을 삼켰다 뱉어내고

백사장엔 늦도록 이야기꽃 피어난다

바다는 한 맺힌 이야기를 밤새 풀어 놓았다

화장터

알몸은 땅에 묻힐 뼛가루를 남기고

영혼은 뽀오얗게 하늘길을 오르네

그 누가
영정 앞에서
짐승처럼 울부짖나

거리에서

리어카 끌고 가네 등 굽은 할머니가

폐휴지 아슬아슬 수북이 얹어놓고

할머니 가쁜 숨소리에 피고 지는 지난 세월

꿈 이야기

기차에 타려다가 고사리손 놓친 엄마

온종일 발을 동동 아이 찾아 헤맸는데

저만치
어른이 된 아이
성큼성큼 오더라

행복한 날

꼭 잡은 손마디에 불끈불끈 맥이 뛰고

방 안 가득
평온한
내 님의 숨소리가

오늘은 꿈길에서도 방긋방긋 웃겠네

갈림길에서

윗길을 따라가면 큰 숲이 있다 하고

아래로 내려가면 강물이 흐른다네

하늘을 높이 나는 저 새는 어느 길 좋다 할까

백일홍

여인의 그리움이
꽃으로 피었다가

천년을 거슬러 와
또다시 붉게 타네

시골집 담장 밑에서
곱게 핀 저 백일홍

둘레길에서

다들 어디 가고 노인 혼자 앉아있나

둘레길 끝자락에 오래된 벤치 하나

어치도 혼자서 우네 나뭇가지 옮겨 가며

골목길

살아온 세월을 지팡이에 의지한 채

뒤뚱뒤뚱 걸어가는 할아버지 저 곁으로

휘파람 불어 젖히며 한 아이 뛰어간다

골목길 풍경

골목이 골목으로 이어지는 그곳엔

행인을 기다리다 지쳐버린 벤치 하나

때맞춰 하늘길에는 비행기 날아가고

징검다리

우리 임과 건넜던 저 건너 징검다리

사십여 년 긴긴 세월 건넜던 징검다리

오늘은
손주 놈들의
웃음 소릴 맞네요

종소리

비어서 해맑아라 먹구름 몰고 가렴

무릎을 꿇고 앉아 십자가 바라본다

묵주알
손에 쥐고서
새벽길 걸어야지

제3부

인생 여정

인생 여정

메뚜기
가을 들녘 톡톡 튀듯 살았네

된서리 찬 바람도
가슴 깊이 묻고서

아주 먼 나의 별 하나
바라보며 살았네

아침 단상

내 하루 오늘처럼 빛으로 열린 날엔
신록 빛 뜨락에서 지저귀는 새처럼
기쁘게
아주 기쁘게
웃으며 맞는 거다

내일도 오늘처럼 또다시 열린다면
황금빛 들녘에서 기도하는 농부처럼
겸허히
아주 겸허히
감사하며 맞을 거다

긴 하루

수백 년 된 향나무에 앉아 있는 저 까치

백 년이 얼마나 긴지 알기나 할까

무릎 밑 시린 하루가 이렇게도 길고 긴데

후회

돌아보니
눈가에 이슬부터 맺힙니다

한 쌍의 나비처럼 나닐고 싶었는데

빠알간
저 열매처럼
무르익고 싶었는데

삼매경(三昧境)

강물엔 안개 피고
바람 소리 잦아든다

반딧불도 잠자는
나만의 세상에서

여의주
받쳐 들고서
저 하늘 날아가네

명상 입문

마음이 아플 때는 두 눈 감아 봅니다

그러면 다가오는 또 다른 세상 하나

그곳에 둥지 틀고서 기지개를 켭니다

명상 1

툇마루에 앉아서 파란 하늘 봅니다

한 마리 새가 되어 하늘 높이 납니다

산사의 목탁 소리도 파란 하늘 납니다

명상 2

제대 앞에 앉아서 두 손을 모읍니다

청아한 종소리가 귓전을 맴돌고

이별의 아픔마저도 아무는 이 시간

명상 3

옷에 묻은 먹물 빼듯 삶의 때를 닦습니다

새소리도 떠나간 달빛 아래 홀로이

내일이 봄날이기를 두 손 모아 봅니다

단란

나지막한 집 한 채 산비탈에 기대섰고

옹기종기 모여 앉아 소꿉놀이 하는 걸까

까르르 아가 웃음소리 햇살 위를 구른다

솔바람 소리

솔바람 소리는 아버지의 목소리

하늘이여 땅이여 혼을 다한 당부 말씀

산 너머 메아리로 돌다 내 가슴을 울린다

가을 단상(斷想)

여승은 숲 사이로 말갛게 걸어가고

하얀 새 연못에 물결 하날 보탠다

간밤엔 잠도 안 오더니 빈 하늘만 다가오네

모닥불 찬가

밤이슬은 촉촉이 어깨 위로 나리고

모닥불에 둘러앉아 이야기꽃 피우면

우리는 아득한 나라 별이 되어 뜹니다

산사의 법고 소리

산사는 나른하고 산수유만 들떠있다
돌돌 말리어 도는 옥색의 저 물줄기
두둥둥
법고 천리(法鼓千里)를
누가 안다 하느뇨

미친 듯 두드린다 무슨 길을 열고 있나
신랏적 젊은이의 번뇐가 희열인가
하늘을
뚫고 나가는
북소리 저 북소리

일곱 비구 번갈아 북채를 휘두르네
색깔도 제 각각 둥 두둥, 둥둥 두둥
어둠을
밀어버리네
새 하늘이 열리네

초월

인력거는 인파 속으로 힘겹게 사라지고

갠지스강 기슭엔 화장 연기 피어나고

강물에 두 손 담그며 허여 웃는 저 노인

성묘

따스한 햇살 덩이 잔설을 녹인 자리
이따금 꿩 한 마리 푸드덕 나는 자리
간만에 아버지 무덤 찾아 큰절을 올립니다

고라니 가끔 와서 말동무 해준다고
뒷산에 사는 꿩도 이따금 왔다간다고
딸, 사위 찾아왔으니 오늘은 안 외롭다고

제비꽃 한 송이 봉오리를 맺었네요
푸석해진 잔디를 정성껏 밟아줍니다
호탕한 아버지 웃음소리 귓전에 맴돕니다

오늘 하루 내 하루

오늘만은 비워 놓자 먼 산이 보이게

사공이 없는 배를 나 홀로 타고서

바람에 맡겨 버리자 오늘 하루 내 하루

그대 마음밭에

그대
마음밭에
누굴 불러 놓았나요

꽃 피고 나비 놀고
잎이 돋는 그 자리

작은 새
포르르 날아가
노래하고 싶은 자리

추억

어쩌다 가슴에 흐르는 강물입니다

새싹 물고 날아드는 들새인가 싶고요

햇살에 반짝거리는 풀잎 끝 이슬입니다

환상

선잠 깨자 들어오는 창밖의 겨울 하늘

하-얀 달빛이 마당에서 춤을 춘다

아득한 별똥별 되어 다가서는 사람아

십자로

낙엽이 굴러간다 갈림길에 걸쳤다

웃음 하나 지나가고 울음 하나 쉬어가고

내일은
어떤 태양이
저 하늘을 돌아갈까

| 평설 |

마음 길을 여는 노래 또는 낙관적 비전

김 봉 군 (시조시인 · 문학평론가 · 가톨릭대학교 명예교수)

여는 말

시조는 세계적인 우리 전통시다. 서양에서 온 자유시 편향성에 휘둘려 온 지난 100년을 되짚어 보며, 허망감에 사로잡히는 우리 문인들이 속출하고 있다. 아무래도 세계 문단에서 우리는 빠른 추적자fast follower였을 뿐 선도자first mover일 수는 없었다. 우리가 세계 문단의 선도자가 되는 길은 우리 문학사상 유일하게 살아남은 우리만의 문학 장르인 시조를 들고 나서는 수밖에 없다. 자유시를 번역하여 역수출하려는 노력이 거듭되나 역부족이다.

자유시의 길은 경영학 용어로 레드 오션red ocean이고, 우리에게 시조의 길은 블루오션blue ocean이다. 우리가 이 길로 가는 것이 옳다. 문제는 포스트모더니즘 이 시대의 확산 지향적 미의식이다. 정형定型은 물론 정형整形마저 형식의 감옥, 언어의 감옥으로 보는 '틀에 대한 반란 심리'를 어떻게 우리 편으로 돌려 놓느냐 하는 과제가 우리 앞에 놓여 있다.

다행히 시조는 각운법이나 평측법 같은 경직된 요건에서 자유롭고, 오로지 음보의 규칙성 정도를 요구한다. 음절 수의 운용이 비교적 자유롭다는 뜻이다.

1음보가 2음절에서 5음절(약간 넘쳐도 됨)까지 유연성이 있고, 동아시아 고전 정형시의 전개 방식인 기·승·전·결의 미학적 흐름을 압축적으로 실현한다. 절묘할사 시조 미학이다. 자유시와 포스트모더니즘적 확산 지향의 원심력과 우리 민요의 응축 지향적 구심력, 그 길항拮抗 역학의 어름에 좌표를 설정한 서정 장르가 우리 시조다.

거대 담론이 길었다. 이혜경 시조집의 실상은 어떤가? 초·중·종장 석 줄짜리 형식을 기본으로 했다. 최근 세계전통시인협회 한국본부 회원들의 이심전심의 통합적 관습이다. 형식의 감옥에 대한 강박관념으로 여러 갈래 형태 실험을 하다가 회심回心했다. 시조의 본디 모습을 살리자는 것이다. 현대인의 산만한 미의식을 다시금 추스려 한눈에 수용되게 하자는 뜻이다. 문화는 순환·변이하며 전진한다. 시조 형식의 순환이다.

시선이 머무는 만유 일체가 사랑스럽고, 창조주의 섭리에 순명할 줄밖에 모르는 영원한 소녀 이혜경의 시조는 한마디로 사무사思毋邪일 것이다.

이혜경 시조의 특성

이혜경 시조의 정신 지향은 그의 성품처럼 복잡계複雜界를 떨친 자리에서 비롯된다. 수평 지향과 수직 지향의 두 갈래 시공時空이다.

1. 수평 지향성

인생살이란 길 찾기의 궤적이다. 우리는 늘 길 위에 있다. 그 길이 때로는 갈라지고 때로는 하나로 수습된다. 평탄한 길이 있으면 가풀막이 앞을 가로막고, 가풀막이 끝나면 다시 한 지평이 열리는 것이 인생길이다.

　산에는 산길이 바다엔 바닷길이
　너와 나 마음밭엔 천 갈래 마음길이
　오늘은 어떤 길 위에 꽃 한 송이 피어날까

〈길 1〉이다. 길의 실재성과 추상성이 맞물려 전개된 시조다. 꽃 한 송이는 가붓한 상징으로 어우러졌다. 마음밭心田은 다분히 불교적 명상의 제재인데, 천 갈래 마음 길이 상념을 어지럽힌다. 마침내, 괴테도 극찬한 바, 하늘에는 별, 땅에는 꽃이 절대미絶對美의 표상으로 떠올라 있다.

우리가 가는 길에 어떤 암초 숨었을까
너 있어 따뜻했던 포장마차 소주 한 잔
간밤에 흘린 눈물도 별빛 되어 빛나리

이 시조의 지배소dominant는 암초, 별빛이다. 암초는 인생고人生苦, 가풀막이다. 길거리 포장마차의 소주 한 잔은 따뜻하다. 가풀막 인생에 흘린 눈물도 초롱초롱한 별빛이다. 따뜻한 위로와 낙관적 비전을 아로새긴 시조다. 〈길 3〉이다.

새봄의 병아린 양 포근하게 안기더니
몸짓에 말씨까지 모두가 낯설어라
글썽인 나의 하늘에 날아가는 새 한 마리

분리分離의 맑은 슬픔이 자아의 하늘에 어룽졌다. 안기는 행위인 만남의 결실은 이 같은 분리다. 분리는 그러나 만남의 다른 변이형이다. 이걸 터득하는 깨달음의 순간을 행하여 낯섦이 개입한다. 낯섦은 새로운 만남의 역설적 촉매다. 〈너〉다. 자식 이야기 아닌가.

옷에 묻은 먹물 빼듯 삶의 때를 닦습니다.
새소리도 떠나간 달빛 아래 홀로이
내일이 봄날이기를 두 손 모아 봅니다

〈명상 3〉이다. 삶의 때를 닦는 마음은 수도修道다. 새소리도 떠나간 시공에 달빛만 담겨 있는 정밀의 심공心空이다. 두 손 모은 기도는 명상의 극치다. 봄날은 낙관적 비전의 표상이다. 이혜경답다. 마음밭은 꽃피고 나비 놀고 잎이 돋아, 작은 새 노래하는 자리가 된다(〈그대 마음밭에〉). 명상의 시공時空이다.

   낙엽이 굴러간다 갈림길에 걸쳤다
   웃음 하나 지나가고 울음 하나 쉬어가고
   내일은 어떤 태양이 저 하늘을 돌아갈까

〈십자로〉다. 십자로는 엇갈리고 스치고 마주치고 부딪히는 곳이다. 거기에 갈 길을 끝낸 낙엽이 굴러가다 갈림길에 걸쳐 있다. 낙엽은 생명을 잃었다. 스스로 행로를 선택할 의지를 잃었다. 죽은 무정물無情物이다. 희로애락애오욕이 질주하다 멈추고, 멈추었다 질주하는 인생의 십자로, 생명의 마지막 표상이 곧 걸쳐진 낙엽이다. 이혜경의 시적 자아에 살풋 무상감無常感이 어린다. 그리고는 이내 이혜경답게 하늘에다 태양을 띄운다. 낙관적 비전이다.

   우리 임과 건넜던 저 건너 징검다리
   사십 년 긴긴 세월 건넜던 징검다리
   오늘은 손주 놈들의 웃음 소릴 맞네요

〈징검다리〉다. 사십 년 부부가 되어 건너온 인생길을 징검다리 표상으로 노래했다. 가풀막의 숨찼던 세월도 징검다리 새로 흐르는 여울물의 노랫소리에 좋이 묻히겠다. 그 어름녘에 손주들 웃음소리가 고단했던 일생을 좋이 깨운다.

 꽃내음 솔바람에 좌선하듯 앉아있다
 어느새 뜨락에서 구름 보며 노래하다
 단숨에 뒷산에 올라 꽃잎 따다 물었다

〈상想〉이다. 상상의 세계가 자유 시공에 선연히 그려져 있다. 좌선이다. 구름 노래다. 꽃잎을 따다 문 천진天眞이다. 자유 연상이요 상상의 노래요 그림이다. 순수시조의 전형이다.

 어둠을 꿰뚫었다 번뜩이는 저 눈빛
 뚝뚝 피 흘리며 둘레둘레 밝혀 놓고
 온몸을 깡그리 태워 새 하늘을 열었다

〈선구자의 횃불〉로, 어조가 치열하다. 이혜경 시조에서 만나기 어려운 치열한 진정성, 이는 이혜경 인생의 한 '사건'이다. 혼신의 열정으로 시조의 새 역사를 열어젖힌 원로 시조시인 유성규 박사의 시혼詩魂을 찬미한 것으로 읽힌다.

 가지 끝에 매달려 울어대던 바람이
 빈 들녘 겨울 새 죽지 끝에 앉았다가
 아마도 어느 새벽에 눈이 되어 내릴 거야

〈눈 내리는 까닭〉이다. 바람이 곧 활물活物이다. 겨울 새 죽지를 스쳐 새벽 눈이 되어 내리는 변환된 바람 스케치다. 보여주기 시학 치곤 서정이 충만하다.

　　따스한 햇살 덩이 잔설을 녹인 자리
　　이따금 꿩 한 마리 푸드덕 나는 자리
　　간만에 아버님 무덤 찾아 큰절을 올립니다

　　생활비 주시고도 주머니 속 동전까지
　　차비만 딸랑 손에 쥐고 다 주셨지
　　아버진 딸 걱정만 가득 주머니를 채우셨고

〈성묘〉와 〈아버지〉다. 울컥 솟아오른 육친을 향한 사랑임에도 시인의 어조는 담담하다. 애면글면하지 않은 이혜경 시인의 자아상이 스민 시조다.

　　돌아보니 눈가에 이슬부터 맺힙니다
　　한 쌍의 나비처럼 나닐고 싶었는데
　　빠알간 저 열매처럼 무르익고 싶었는데

〈후회〉다. 회고하는 시인의 자아에게 지난날의 일들은 다 미완의 아쉬움을 환기하는, 눈물 어린 흔적이다. 화평과 자유와 원숙의 경지, 어찌 시인만의 꿈이겠는가.

2. 수직적 초월 충만성

이혜경 시조는 형이상학적 지향성을 보일 수밖에 없을 것이다. 그의 신앙 때문이다. 그의 길이 필경 낙관적 비전으로 빛나는 것은 그의 초월 지향성과 무관할 수가 없다.

그 옛날 어느 손이 저 바위 쪼았을까
천 년의 이끼마저 비켜 간 저 얼굴
한 소녀 두 손 모으고 그 앞에 서 있다

〈마애불 앞에〉이다. 바위벼랑을 쪼고 다듬어서 새겨 놓은 불상 앞에 소녀가 합장하고 있다. 길은 여기서 일체의 시간을 부려 놓고 정지한다. 땅과 하늘은 이 즈음 무無의 원공圓空이 된다. 이혜경의 종교적 자아가 함께해 있다. 불교적 구원 의식救援意識 이전의 숫된 초월성 언저리에 있다.

여승은 숲 사이로 말갛게 걸어가고
하얀 새 연못에 물결 하날 보탠다
간밤엔 잠도 안 오더니 빈 하늘만 다가오네

〈가을 단상斷想〉이다. 여승, 물결, 빈 하늘이 지배소다. 숲 사이로 걸어가는 여승은 여기서 동적動的 실체가 아니다. '걸어가는 정적靜寂'이다. 색조는 말갛다. 연못 색조도 백색인데 물결 하나가 이는 것이 소리가 아닌 정적을 보탠다. 잠 아니 오는 가을밤이 마침내 빈 하늘을 맞이한다. 시각적 이미지의 '보여 주기showing' 기법이 실히 돋보인다. 감수성과 상념을 가치 개념화하려는 욕심은 떨쳤다. 판단 보류, 판단 정지 상황이다. 여승은 수평적 행로를 취하고 있으나, 이혜경의 종교적 자아는 결국 하늘을 지향한다. 이혜경 시학의 숙연宿緣이다.

꼭 그렇게 해달라고 정화수 떠 놓고서
그 옛날 할머니는 달님 보고 빌었다지
달님은 정화수 안에서 노랗게 웃었다지

〈할머니의 기도〉다. 들려 주기telling 방식으로 옛 토속 신앙 얘기를 했다. 이른 새벽에 길은 정갈한 우물물, 정화수井華水를 떠 놓고 천지신명, 일월성신日月星辰께 두 손 비비며 빌던 할머니 모습을 떠올린 질박質朴한 시다.

인력거는 인파 속으로 힘겹게 사라지고
갠지스강 기슭엔 화장 연기 피어나고
강물에 두 손 담그며 허여 웃는 저 노인

세속적 〈초월〉이다. 인력거와 화장장은 삶과 죽음의 경계선 이미지borderline image, 강물은 영원과 죽음과 부활의 원형 상징archetypal symbol 이미지 표상이다.

산사는 나른하고 산수유만 들떠 있다// 돌돌 말리어 도는 옥색의 저 물줄기/ 두둥둥 법고 천리를 누가 안다 하느뇨/// 미친 듯 두드린다 무슨 길을 열고 있나// 신랏적 젊은이의 번번가 희열인가// 하늘을 뚫고 나가는 북소리 저 북소리/// 일곱 비구 번갈아 북채를 휘두르네// 색깔도 제각각 둥 두둥, 둥둥 두둥// 어둠을 밀어버리네 새 하늘이 열리네

〈산사의 법고 소리〉다. 이혜경 종교적 자아의 격렬한 신명이다. 소리와 형용의 청각 이미지와 시각 이미지가 교차하며 소리시늉까지 더해져서 역동적 이미저리가 사찰寺刹의 적막 시공時空寂寞의 무명無明 중생衆生을 두드려 깨운다. 신명을 돋우다 보니 3수 연시조가 되었다. 〈산사의 법고 소리〉의 함축미가 유장悠長하다. 〈산사의 법고 소리〉의 유장한 시공時空을 보라.

툇마루에 앉아서 파란 하늘 봅니다
한 마리 새가 되어 하늘 높이 납니다
산사의 목탁 소리도 파란 하늘 납니다

〈명상 1〉이다. 이혜경 명상의 시공에는 파란 하늘, 새, 목탁 소리가 지배소로 동원되었다. 순수, 영혼, 깨우침의 표상들이다. 이혜경의 시적 상상력 속에 왜 이렇듯 선불교적禪佛敎的 무드가 자주 조성될까? 역사주의적 관점으로 보면, 그의 고향 예산 수덕사와 관련지을 수도 있다. 그보다는 그의 본연성에서 피어나는 종교성의 표출로

보는 것이 더 옳은 것이리라.

　제대 앞에 앉아서 두 손을 모읍니다
　청아한 종소리가 귓전을 맴돌고
　이별의 아픔마저도 아무는 이 시간

〈명상 2〉다. 이혜경의 종교적 자아가 본향을 회복한 가톨릭교의 제대 앞에 와 앉았다. 가톨릭과 불교는 친근성이 있다. 분위기와 깊이 관련된 것으로 보인다. 두 종교는 궁극적 구원의 질서 쪽에서 서로 갈린다. 불교의 원공은 원이고, 무無를 위한 되풀이다. 가톨릭교, 그리스도교에는 되풀이가 없다. 직선이고 영원이다. 그럼에도 둘의 지향성은 초월이다. 두 종교가 자주 이웃하는 것은 분위기와 함께 제도의 유사성 때문이기도 하다. 이혜경의 시조 중 선불교적 상상력에서 피어난 것이 많다. 신앙상의 혼합주의syncretism라면 문제는 심각하다. 시학적 성취와 신앙적 구원 문제가 충돌할 때 시인은 어찌할 것인가?

　우리 아가 마음밭에 노랑 나비 돌거든
　쌔근쌔근 잠들어라 나의 고운 천사야
　오, 주여! 천리를 재는 눈빛까지 주옵소서

〈우리 아가 2〉다. 초장·중장과 종장의 시점視點이 바뀌었다. 기도시다. 주제가 노골화했다. 손주 앞에서는 미학적 텐션이 풀릴 수

밖에 없나 보다

   바다가 온갖 것 받아들인 그 넓이를
   우리 아가 가슴에다 옮겨 놓아 주시고
   자그만 풀벌레 소리에도 감사하게 하옵소서

〈아가 3〉이다. 신앙시인데 교회시다. 신자들끼리 읽을 시다. 종교시는 교회시와 예술 신앙시로 나뉜다. 신심信心을 노골화한 시는 교회시고, 신심에 텐션을 깃들이고 상징 등 미학적 형상성을 입힌 것이 예술 신앙시다. 지고지미지성至高至美至聖한 아가 앞에서는 교회시적 어조가 예술성을 압도하기 쉽다. 예술시로서의 종교시 쓰기는 이렇듯 난감하다.

   알몸은 땅에 묻힐 뼛가루를 남기고
   영혼은 뽀오얗게 하늘 길을 오르네
   그 누가 영정 앞에서 짐승처럼 울부짖나

장례식 정경이다. 영결의 시간 절통한 심경을 원색적으로 표출하는 유가족의 모습이 부각되었다. 그걸 시적 자아는 초월 신앙인의 어조로 풀고 있다. 〈화장터〉다.

   오늘을 주셨네요 감사하며 살라고
   내일도 주실거죠 사랑하며 살라고

그래요 파란 저 하늘 기도하며 살래요

〈나의 기도문〉이다. 범사에 감사하라고 한 성서 말씀의 확장적 패러디다. 신앙의 어조가 예술적 어조를 압도한다. 교회시다. 이혜경 종교적 실존의 궁극적 실상이다. 신앙인의 귀감이다. 이건 시조 평설자가 아닌 신앙인으로서의 찬사다.

맺는 말

평설자는 자유시와 포스트모더니즘의 확산 지향의 원심력과 우리 민요의 응축 구심력, 그 길항拮抗 역학의 어름에 좌표를 설정한 절묘한 서정 장르가 우리 시조라고 이미 말했다.

근래에 들어 상당수의 시조시인들이 현대인의 산만한 미의식을 추슬러 한눈, 한마음에 수용케 하기 위해 3장 단수형 시조로 회귀하고 있다. '언어 형식의 감옥'을 해체한다는 명분으로 여러 형식 실험의 시행착오를 거치며 얻은 결산이다.

이혜경 시조는 '길 위의 노래'다. 우리 인생이 길 가기임을 터득한 이 시인의 예지에 찬 선택이다. 그 길의 수평적 지향성은 실재성과 추상성을 맞물려 전개하면서 꽃의 상징성과 푸르른 하늘, 별과 달의 천체 미학으로까지 상상의 시공時空을 확대한다. 그의 시조가 선불교적 명상의 분위기 조성에 탁월성을 보이는 것은 그의 정신 지향이 수직적 초월성의 높이에로 끊임없이 견인되고 있다는 증표다. 그의 초월 지향성은 〈산사의 법고法鼓 소리〉에서 절정의 치열성을 보이며, 마침내 그의 궁극적 구원 신앙인 가톨릭 제단에 귀착한다. 수평적 전진과 수직적 초월의 미학이 만남의 작은 기적을 이루는 순간이다. 이혜경 시학의 기적은 생의 어떤 가풀막에서도 불멸할 그의 낙관적 비전이다.

신앙 에너지가 예술 정신을 압도하는 가운데, 이혜경은 초월 신앙과 시조 미학의 길항 관계를 조정해야 할 가풀막 길에 자리해 있다. 〈십자로〉, 〈상想〉, 〈선구자의 횃불〉, 〈눈 내리는 까닭〉 등이 준 미학적 감동을 위하여 '보여 주기showing' 시학에 정진하기 바란다.

이혜경 수산나, 그의 천진한 시심詩心과 맑은 영혼을 찬미하며, 부군·아들·며느리·손주가 함께하는 하느님 신앙과 시조시학의 뜰에 창조주의 은총이 가득하기를 빌며 평설을 줄인다.

시인의 말

원석에 담긴 아름다운 상像을 그려본다.
돌을 쪼고 갈고닦아 보지만
모양이 그리 마음에 들지 않는다.
그래도 미련이 남아 그 돌을 문갑에 넣어 놓는다.
며칠 후 다시 꺼내 또 닦아본다.
이번엔 조금 예뻐 보인다.
자꾸만 꺼내 다듬어 본다.
이제 모양이 예쁜 건 그다지 중요치 않다.
나는 이미 그 돌을 사랑하게 되었으므로.

 돌아보면 시조에 생각의 편린들을 입혀왔던 시간은 나에게 의미 있는 시간이었다. 내 시조가 그리 마음에 들지 않더라도, 울림이 덜 해도, 창작 삼매경에 빠져 행복했기 때문이다. 또한 시조 세계화 운동을 하며 내 인생에 소중한 분들을 많이 만났기 때문이다.

특히, 나를 시조의 세계로 이끌어 주신 우석隅石 김봉군金奉郡 스승님과 나에게 시조 사랑의 마음을 열어 주시고, 평생을 시조 세계화에 몸 바치시다 지금은 병석에 누워 계신 시조계의 거성 시천柴川 유성규柳聖圭 스승님께 머리 숙여 깊이 감사드린다.

두 분이 써주신 서문과 평설을 소중히 간직해 오다 이제야 책으로 엮게 되었다. 앞으로도 시조를 더욱 사랑하며 노래하는 제자가 되리라고 다짐하며 죄송한 마음을 대신한다.

그리고 곁에서 늘 마음을 다해 격려해주는 사랑하는 내 남편과 자식들에게도 고마운 마음을 전한다.

2023년 12월
아침 햇살이 비치는 서실에서
이혜경